Mitja Leytho

Erotischer Kalender für das Jahr 1923

12 *Originalzeichnungen*

edition de l'œil 2013

impressum

© *sammlung hans-jürgen döpp*

edition de l`œil

www.aspasia.de

herstellung und verlag: books-on-demand, norderstedt

isbn 9-783-73223 1416

Erotischer

KALENDER

für

das Jahr

1923

mit
12
Originalzeichnungen
von
Mitja Leytho

JANUAR

Im Januar, bei Eis und Schnee
Fickt jeder gern im Separee.

FEBRUAR

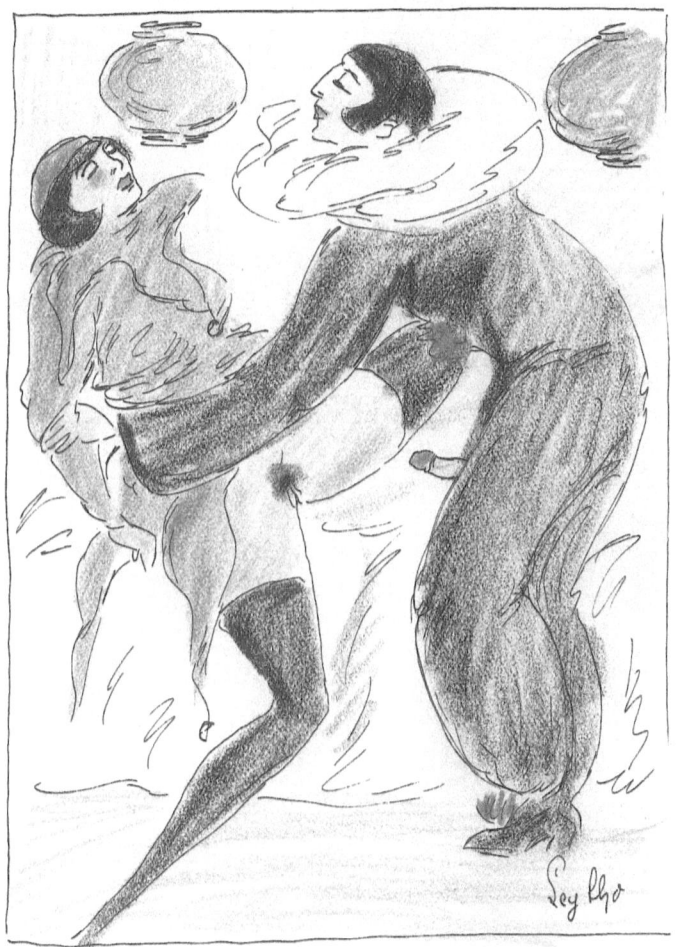

Im Februar, zur Faschingszeit,
Manch Mädchen macht die Beine
breit.

MÄRZ

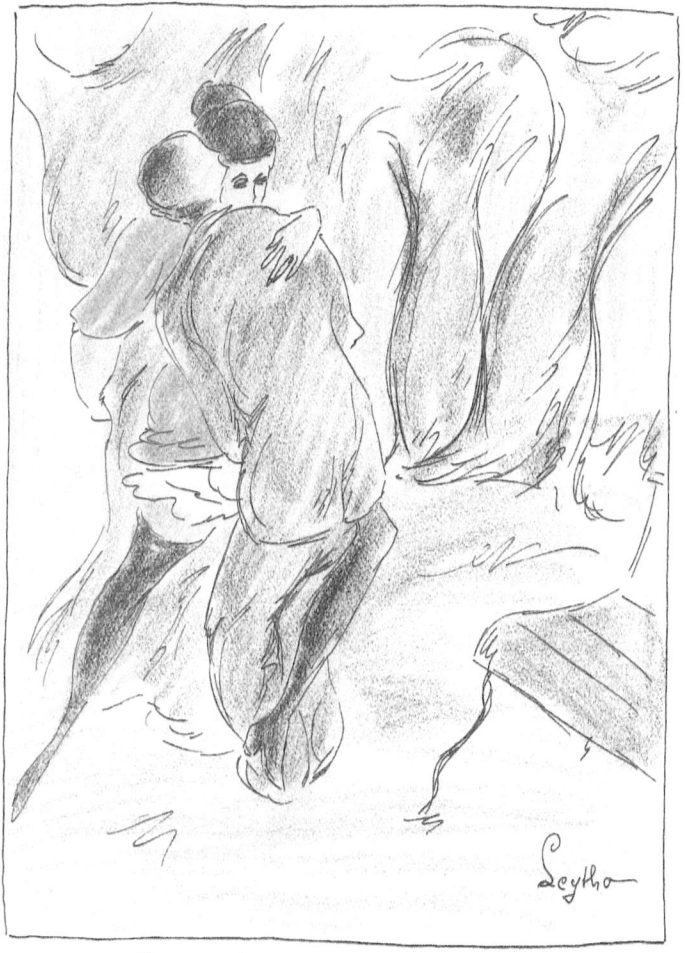

Ist der März schön mild und trocken,
Wird mancher schon im Freien borken.

APRIL

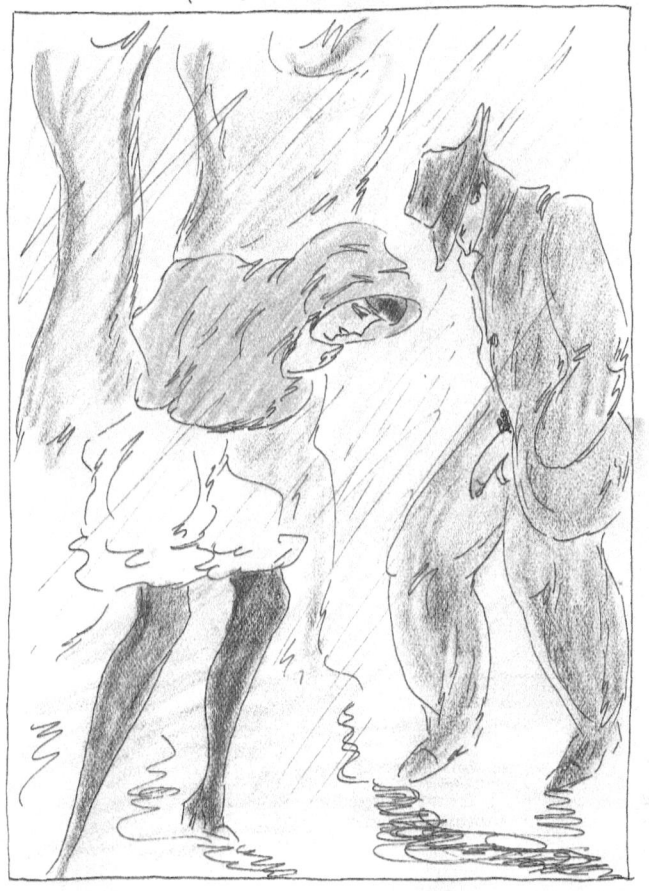

Im launenhaften Mond
April,
Kommt's oft ganz anders
als man will.

MAI

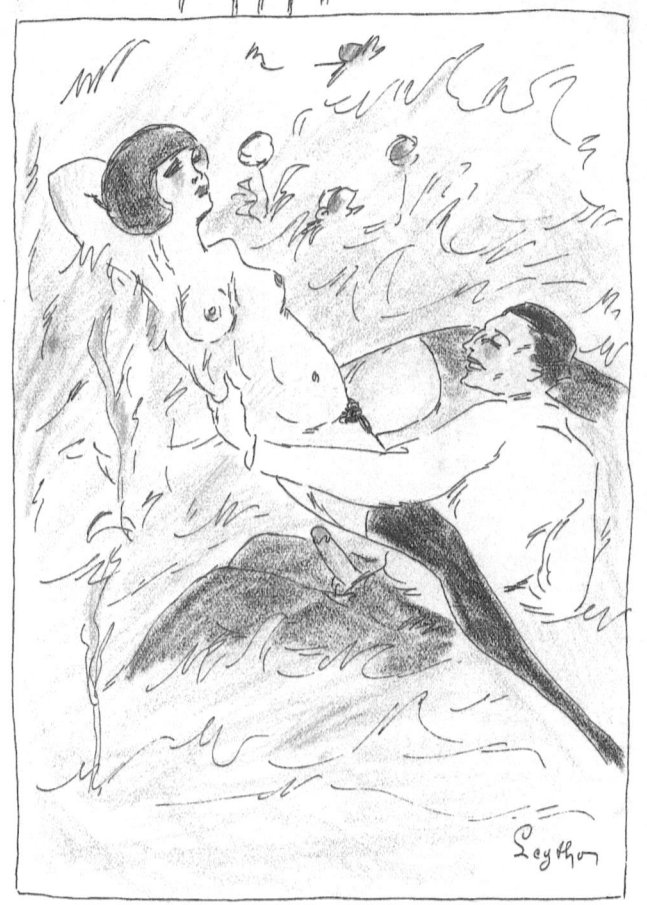

Im Mai, wenn erste linde Lüfte
    schmeicheln,
Kannst schlanke Beine Du
    und runde Hüften strei-
        cheln.

JUNI

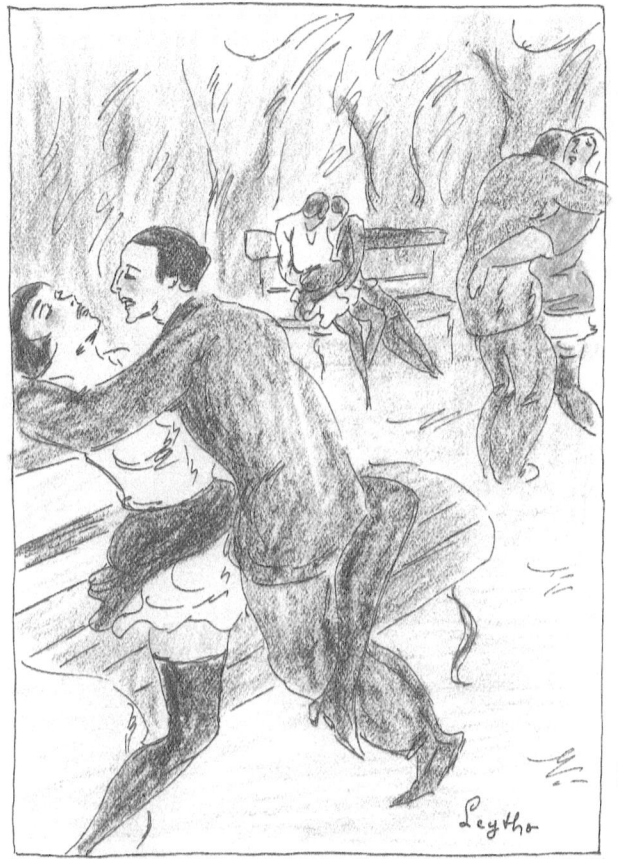

Der Juniabend bietet Deinen
           geilen Blicken
Gar oft ein amusantes
           Massenficken –

JULI

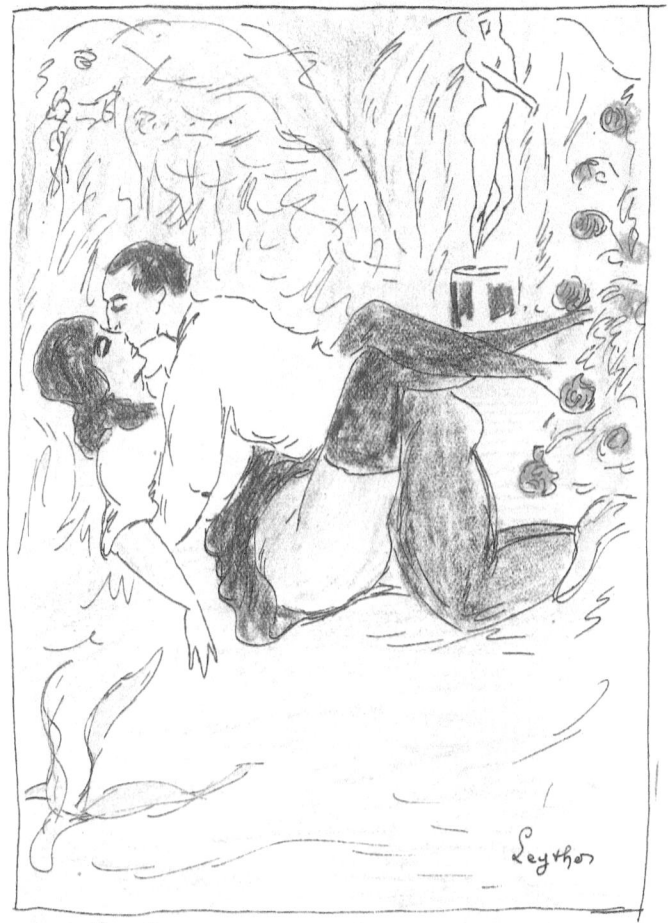

Im Juli dann, bei Ros- und
Jasminduft
Wird mancher Unschuldsengel
angepufft

AUGUST

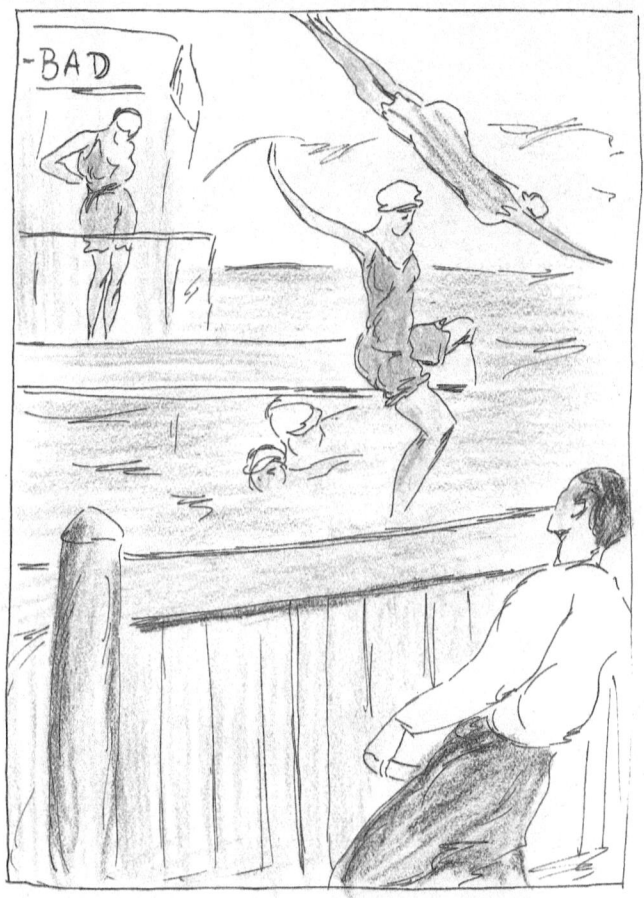

Siehst im August Du Strand-
und Wassernixen,
Geh weiter schnell, Versuchung
lackt-gewichsen—

SEPTEMBER

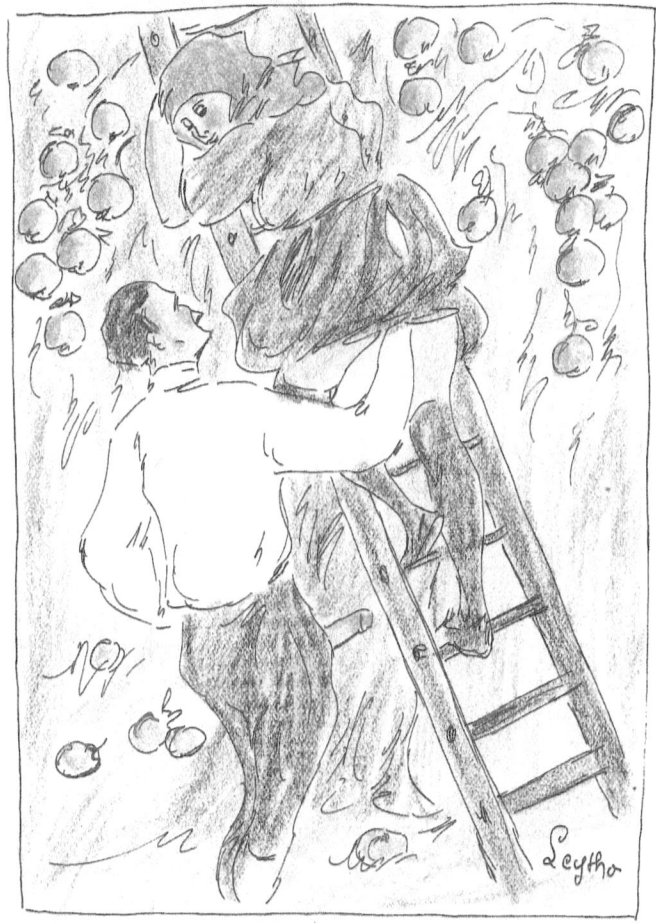

Wenn im September dann
Aepfel am Baume reifen
Kannst Bauernmädchen,
Du, an Knie und Pflaume
greifen.

OKTOBER

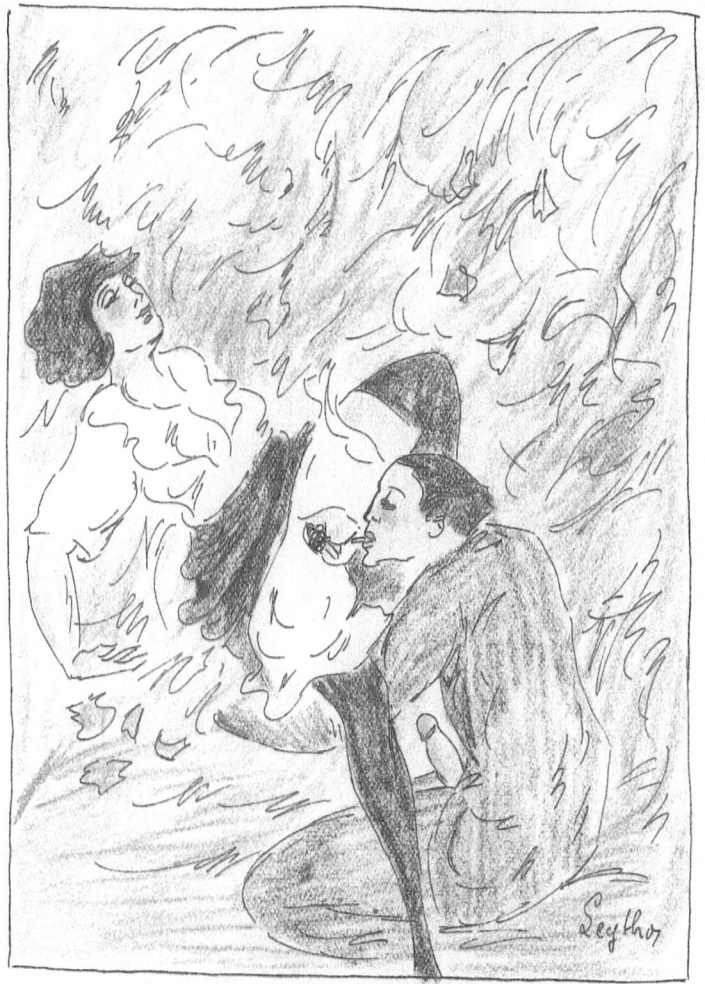

Und im Oktober selbst, in
welkem Laub und Gras,
wird noch manch Röckchen,
noch manch Spitzenhöschen
naß.

NOVEMBER

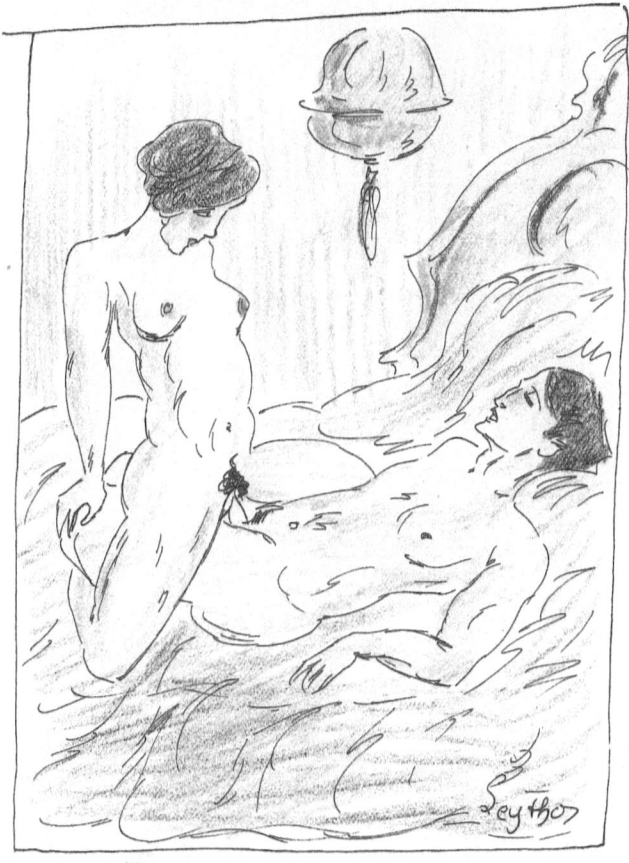

Kommt der November dann,
Wirst an Dein Bett Du wieder
Dich gewöhnen —
Dort kannst Du weiter lieben —
Ficken, seufzen, stöhnen —

DEZEMBER

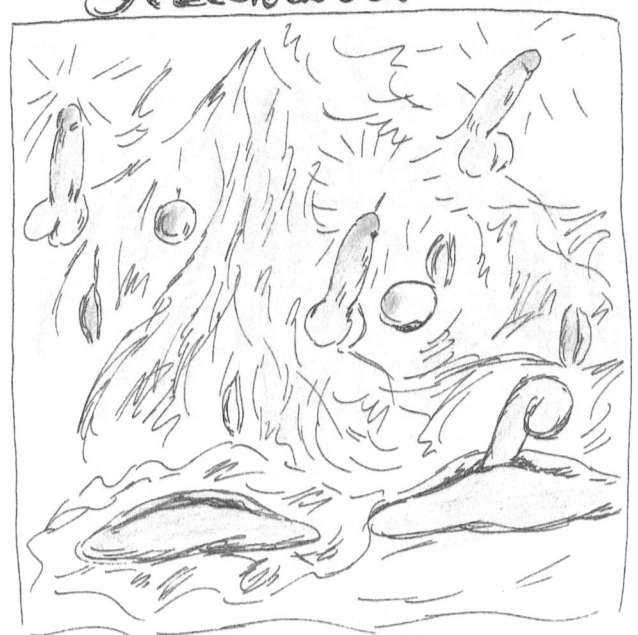

Hast bis zum Jahresende Du dann
durchgefickt,
Manch holdes, liebes Mägdelein beglückt,
Leer zur Sylvesternacht Dein Glas in großen
Zügen,
Blick einmal noch zurück auf Stunden,
die in weiter Ferne liegen.
Sei dankbar jeder Frau, die keusch Dir
Ihre Schenkel spreizte
Und nicht mit Küssen, nicht mit
Liebesworten geizte!
Trink aus Dein Glas,
Bestärkt in einem Glauben —
Was Dir beschert ward, kann kein
Gott Dir rauben.

„Leytho" ist das Pseudonym eines unbekannt gebliebenen Künstlers, der in den 20er Jahren in Berlin lebte und arbeitete. Er schuf eine Vielzahl von unikaten Mappenwerken.

Liebeskalender

Wann ist zum Lieben die beste Zeit?
Wenn der Frühling sich schwingt in den Lüften,
Wenn der Kuckuck ruft so weit, so weit,
Wenn die Bäume blühen und düften;
Du aber am Arme der lieblichsten Frau,
Du wandelst mit Neigen und Grüßen
Und windest zum Kranze die Blumen der Au' -
O seliges Lieben und Küssen!

Wann ist zum Lieben die beste Zeit?
Wenn der Sommer lächelt, der holde,
Es stehen die Fluren in festlichem Kleid,
Die Ähren prangen im Golde.
Da sitzt die Geliebte im blühenden Feld,
Du ruhest ihr kosend zu Füßen,
Und über euch dämmert das wogende Zelt -
O seliges Lieben und Küssen!

Wann ist zum Lieben die beste Zeit?
Wenn der Herbst sich neiget zu Ende,
Wenn die Buche sich färbt und das Rebhuhn schreit,
Es färbt sich der Wein am Gelände.
Die Kleine, die Feine, die hat sich versteckt,
Sie wirft dich mit Trauben und Nüssen,

Du aber, du hast sie im Fluge entdeckt -
O seliges Lieben und Küssen!

Wann ist zum Lieben die beste Zeit?
Wenn der Winter knirscht auf dem Eise;
Die Wälder begraben, die Wege verschneit,
O süße beschwerden der Reise!
Nun sitzt du im Stübchen so traulich und warm,
Es labt dich die Liebste mit Küssen,
Sie hält dich, sie wiegt dich im schwellenden Arm -
O seliges Lieben und Küssen!

So ist zum Lieben jedwede Zeit
Die echte, die rechte, die beste,
So halte, o Herz dich immer bereit,
Zu empfangen die himmlischen Gäste!
Und hast du die flüchtige Stunde verträumt,
Mit Thränen wirst du es büßen,
So leere den Becher, solang' er dir schäumt -
O seliges Lieben und Küssen!

Robert Eduard Prutz (1816 - 1872)

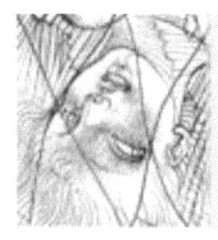

Lovely Books for Lovers
edition de l`œil
www.aspasia.de

www.ingramcontent.com/pod-product-compliance
Lightning Source LLC
Chambersburg PA
CBHW031516210526
45464CB00007B/2938